MI JORNADA

Por Ana C. Dávila

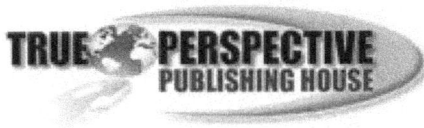

TRUE PERSPECTIVE
PUBLISHING HOUSE

Derechos Reservados © 2016 by Ana C. Dávila

<u>MI JORNADA</u>

Impreso en Los Estados Unidos de America

Traducido al Español por Nelly Caban

ISBN 978-0-9975539-2-5

AUTÓGRAFOS

Tabla de Contenido

INTRODUCCIÓN:

Mi nombre es Ana Cecilia Pérez Latorre y nací en Santurce, Puerto Rico en el año 1967. Me gustaría compartir con ustedes por medio de este libro lo que Dios ha hecho en mi vida, por medio de un accidente. Desde entonces, he tenido quince cirugías. En este libro te voy a hablar específicamente de algunas de ellas y las experiencias que he tenido. Antes yo sabía del Señor, pero verdaderamente no lo conocía y son dos cosas totalmente diferentes saber de Dios y conocerlo. Por medio de este libro yo quiero contarles como Dios transformó la rebeldía que yo tenía hacia Él, y en qué manera cambió mi matrimonio y mi vida.

Por medio de este libro vas a hacer ministrado en tu vida. Como puedes estar firme en medio del desierto que estés pasando, la soledad y las situaciones en tu vida. Vas a aprender como Dios te mantiene fuerte y te levanta cuando sientes que te vas a desvanecer. Yo he aprendido a como sobre llevar mi vida en los desiertos que he tenido que pasar y a cómo mantenerme en obediencia y fuerte delante del Señor.

He aprendido que a pesar de mi rebeldía, Dios tenía un llamado para mi vida y yo no quería aceptarlo. Y tuve que pagar las consecuencias por mi desobediencia. La razón por la cual me inspiré a escribir este libro para ustedes, es porque me gustaría que cada persona aprendiera que con El Señor aunque las cosas se vean difíciles, agarrada de su mano todo es posible y llegas a la victoria en él. Hay un versículo que siempre lo hago mío y me gustaría que tú lo hagas tuyo.

> *"Cuando pases por las aguas, yo estaré contigo; y si por los ríos, no te abnegaran. Cuando pases por el fuego no te quemaras, ni la llama ardera en ti."*
>
> **Isaías 43:2**

Este libro de Mi Jornada lo empecé a escribir el 28 de octubre del 2011 en medio de mi recuperación de la cirugía de implante en mi tobillo. Que El Señor los bendiga grandemente y espero que este libro sea de gran bendición para su vida.

Que Dios Les Bendiga,

Pastora Ana C. Dávila

DEDICATORIA

Quiero dedicarle este libro en primer lugar a mi Dios quien me ha dado la sabiduría y el entendimiento para poder llevar algunas de mis experiencias a la gente hispana y en otros idiomas. A mi esposo el pastor Ramón Dávila por ayudarme cien por ciento en todo y en todas las etapas de mis cirugías por estar ahí conmigo, y ayudarme a la publicación de este libro. A mis hijos Lilliana M. Dávila, Samuel A. Dávila y Alexandra E. Dávila porque de una manera u otra aunque ellos no entendían lo que estaba pasando, dentro de sus capacidades estuvieron conmigo.

Al Dr. Robert Hoover ll por estar conmigo por dieciséis años consecutivos, donde El Señor lo puso en mi camino para utilizar sus manos para la sanidad de mi pierna y por el apoyo que él me ha dado. A mi suegra Isabel Sánchez Pica por siempre haberme dado su apoyo para seguir adelante. A una persona que amo mucho y ha estado conmigo desde el principio de esta jornada Belinda García, ¡Gracias! Esto te lo debo a ti por el apoyo que me has dado todos estos años.

A Alba López, María Collazo y Leticia López por haber estado a mi lado en tiempos buenos y en tiempos difíciles, no tengo como agradecerles. Gracias a la pastora Martha Rolón por todo el apoyo que me diste en todas mis cirugías. ¡Que Dios te siga bendiciendo! Gracias a todos los miembros de nuestra iglesia "Iglesia Nueva Vida De Orlando" por sus oraciones y por su apoyo en todo momento. A todas mis amistades y a los pastores que me mantuvieron en oración que en todo momento han estado ahí conmigo. No tengo palabras de cómo agradecerles.

Que Dios les Continúe Bendiciendo, los ama mucho,

La Pastora Ana C. Dávila

CAPÍTULO 1:

La Rebeldía

Déjame empezar diciéndote que muchas veces cuando pasan algunas vicisitudes en nuestras vidas siempre le echamos la culpa a Dios de todo los que nos pasa. Yo no voy a contarte o escribir mi biografía, yo vengo a contarte mi testimonio. Como Dios me transformó cuando ya yo había perdido las esperanzas en mi vida y no quería saber de Él.

En mi adolescencia habían pasado unas cosas que yo no entendía, una de ellas fue que mi padrastro me violó como a los once años de edad. Es muy triste cuando pasa algo así y tú se lo tratas de decir a tu mamá, pero no hay la menor importancia para lo que pasó. No te prestan atención y la mayoría de las veces no te quieren escuchar. Como a los trece años, muere mi abuela que fue la que me crió en mis años de infancia. Esa muerte me dolió mucho, pues yo estuve muy cerca de ella. Después a los dieciocho años muere mi mamá, y eso yo no lo esperaba.

En medio de todo esto yo iba a la iglesia desde que tenía doce años y me había bautizado. De hecho yo fui el instrumento que Dios usó para traer a mi mamá a los caminos del Señor. A la misma vez yo tenía coraje con El Señor. Yo no entendía porque yo tenía que pasar por todo esto. Y no quise saber más del Señor, de la iglesia, de nada que tuviera que ver con la religión. No entendía porque mi mamá me hizo responsable desde los nueve años de mi hermano. Porqué tuve que ser violada y me robaron mi niñez y mi juventud. No entendía porque mi mamá se tuvo que morir cuando yo tenía dieciocho años y me encontré sola y abandonada. Yo la iba a necesitar en mi vida, pues estaba recién casada.

> *"Aunque mi padre y mi madre me dejaran, con todo, Jehová me recogerá"*
>
> **Salmo 27:10**

No importa cuanta gente tengas a tu alrededor muchas veces te vas a sentir sola. Pero el Señor es tan grande y maravilloso que no permitió que me quedara sola, pues a los catorce años tuve un novio precioso y guapo. Dios tenía un plan para mi vida. Antes que mi mamá muriera ya El Señor había permitido que me casara a los dieciocho años. A la misma vez dentro de mi corazón ya estaba esa semilla, pero yo no la dejaba germinar.

Muchas veces tú has escuchado de Dios y ya esa semilla esta en tu corazón, pero tú no la dejas germinar en tu vida. Con toda mi rebeldía, El Señor me bendijo con un esposo bueno que me respetaba a pesar de la violación física. Me casé a los dieciocho años el 24 de diciembre del 1985 y el 20 de febrero del 1986 mi mamá muere. Y porque te digo todo esto, porque dentro de todo Dios tenía un plan ya establecido en mi vida. No me dejó sola en el mundo sin rumbo, me dio un compañero, pues yo no tenía más familia.

¿Sabes porque quiero contarte parte de mi historia? Porque no importa lo que hayas pasado o las vicisitudes que hayas tenido, Dios tiene un plan perfecto aunque tú no lo entiendas y no lo veas ahora. Estuve muchos años rebelde, aunque continuaba adorando al Señor y yendo a la iglesia. Pero ahora viene lo bueno en el otro capítulo porque seguiremos con la rebeldía en otra manera. Muchas veces las personas pueden demostrar que son cristianos, delante de la gente pero delante del Señor en su corazón no lo son.

No estuve en drogas, alcohol o en ningún vicio, pero tenía un vacío en mi corazón y quería llenarlo con otras cosas especialmente materiales. Por mi rebeldía intenté suicidarme con pastillas a los catorce años. Porque cuando tu más deprimido y destrozado estás y te dices a ti mismo que no sirves para nada, es cuando el enemigo te pone pensamientos negativos en tu mente para destrozarte y llevarte hasta la muerte. Pero el Señor en su infinita misericordia me rescató y me libró de la muerte. Ya Él me había escogido desde el vientre de mi madre.

> *"En cuanto a Dios, perfecto es su camino, y acrisolada la palabra de Jehová; Escudo es a todos los que en Él esperan."*

Salmo: 18:30

Este versículo quiere decir que no importa cuanta rebeldía tengas o cuanto le huyas el camino del Señor es perfecto y él siempre te va a guardar.

CAPÍTULO 2:

Rebeldía Ante Los Planes

A mi esposo lo conocí a los catorce años y no fue fácil nuestra relación, pues como era un propósito de Dios el enemigo ya quería meter su cuchara. Como dije nos casamos el 24 de diciembre del 1985 sin que mi mamá quisiera, pero ya el Señor tenía un plan para mi vida. Tu sabes porque, porque todo lo que el Señor permite que pase en tu vida es un plan perfecto.

Cuando mi mamá muere en el 1986, yo conocí a mi papá biológico aunque nunca había sabido de él. Fue algo impresionante para mi vida, pues ese era uno de los vacíos que yo sentía dentro de mi corazón. Pasa ese tiempo de tantos sucesos, me casé y me fui directo a Patuxent River, Maryland porque allá era que mi esposo había encontrado trabajo. Imagínate yo a los dieciocho años no sabía hablar el idioma inglés, tampoco sabía conducir y metida en un campo era una nena. Imagínate una jibarita de Guayama, Puerto Rico en territorio ajeno al que no estaba acostumbrada.

Pero El Señor es así cuando tiene un plan contigo no importa a donde vayas ni como estés Él lo va a cumplir como sea. Yo estuve en Maryland por un año y medio. Gracias al Señor después de un año y medio mi esposo encontró trabajo en Florida lo que le dicen "La Tierra De La Fantasía". Antes de que esto pasara yo tenía una pelea con el Señor todo el tiempo. A pesar de que no quería saber de él, yo me quería ir de ese estado, pero vuelvo y repito Dios tenía un plan perfecto en nuestras vidas. Y ese Dios que yo no quería en mi vida me contestó. Ese mismo día llaman a mi esposo de la Florida para ofrecerle trabajo y el sin saber de qué era el trabajo dijo que sí.

El chiste es que el me llama por el teléfono y me lo dice y yo empiezo a gritar y a la misma vez a llorar y me fui al pie de mi cama a darle gracias a Dios por haberme contestado. Cuando mi esposo llegó del trabajo ya yo tenía todo recogido y muchas cosas del apartamento en cajas. Si no hubiera sido por la mano de Dios que intervino mi matrimonio hubiera terminado en un divorcio. Eso era lo que el enemigo quería para mi matrimonio. En ese mismo instante le pedí perdón, cuando tu vienes con un corazón contrito y humillado ante el Señor él te reconocerá en público.

CAPÍTULO 3:

LA MUDANZA HACIA LA FLORIDA Y EL LLAMADO

Ahora empieza nuestra jornada, mira lo que Dios está haciendo. Bueno nos mudamos a la Florida Central en junio del 1987. Llegamos a la Florida y empezamos a trabajar mi esposo en el Naval Training Center y yo en Burger King donde me pusieron de cajera y yo no sabía nada de inglés. Empezamos a ir a una iglesia presbiteriana donde nos hicimos miembros.

Pero todavía yo tenía un vacío en mi corazón, yo no sentía lo que yo escuchaba de otras personas de sentir la presencia del Señor y la unción del Señor sobre mi vida. La razón porque te digo esto es, porque en donde yo me bauticé ya el Señor había puesto su semilla en mi corazón. Fue en La Iglesia Bautista De Carolina, Puerto Rico. Donde había un grupo aparte de escuela bíblica donde se sentía la presencia del Señor y una unción preciosa.

Yo sabía lo que era sentirlo. Yo sabía de las lenguas angelicales, yo sabía lo que era la malicia. Yo sabía todo eso, pero como quiera era rebelde, porque yo sabía de Dios pero no lo conocía. En La Iglesia Presbiteriana El Redentor nacieron nuestros tres hijos que el Señor se plació en darnos Lilliana, Samuel y Alexandra. En esa iglesia estuvimos perseverando nueve años corridos, donde sin yo darme cuenta el Señor me fue capacitando poco a poco. Empecé a cantar en el coro de la iglesia y a darle escuela bíblica a los niños y mi esposo empezó a darle escuela bíblica a los adultos. A la misma vez también fue "Anciano Gobernante" y predicaba de vez en cuando. Era una técnica del Dios Todopoderoso, capacitándonos para lo que Él nos tenía preparado.

Después de nueve años en la iglesia presbiteriana, El Señor le da un llamado personal a mi esposo para abrir una obra, un ministerio. Yo no quería aceptarlo porque dentro de mí, yo sabía el compromiso y el sacrificio que teníamos que hacer delante del Señor. Bueno con muchas vicisitudes y problemas que el enemigo puso en el camino, a la misma vez' Dios fue abriendo puertas.

Déjame decirte que cuando Dios te da un llamado no hay hombre, ni concilio, ni nadie que pueda parar lo que Dios quiere hacer contigo. Bueno el Señor nos abrió las puertas para conseguir un local para nuestro ministerio en Lake Underhill Road en Orlando. Todo bien chévere aunque había mucha oposición y gente disgustada, pero lo más importante era la humildad de mi esposo y el respaldo de nuestro Dios. El Señor permitió que abriéramos nuestro ministerio el domingo 4 de enero del 1998. Yo no me sentía parte de ese ministerio por lo tanto yo no quería estar ahí.

Mis hijos jugaban deportes en la escuela y fuera de la escuela así que cada vez que ellos tenían juegos yo iba con ellos para no estar en la iglesia y menos ayudando a mí esposo o hacer el papel de esposa de pastor. Yo sé que mi esposo sufría, pero yo estaba tan ciega que no me daba cuenta de lo que hacía. Muchas veces lo amenacé con quemarle su oficina pues yo detestaba la música cristiana y los libros cristianos. Yo no sentía en mi corazón servirle a Dios con mi vida tan agitada. Tu sabes lo que es estar expuesto a que todo el mundo te critique porque supuestamente tu no hacías el papel de esposa de pastor o de pastora. Lo que quiero decir es que esos nueve años en la iglesia presbiteriana y empezando el ministerio no fueron fácil. Dios tenía que obrar y Dios tenía que exprimirme, porque yo no entendía.

Pero dentro de todo yo tenía temor de Dios y sabía que existía un Dios grande. En esa iglesia de Lake Underhill Road estuvimos nueve años, donde Dios nos seguía capacitando para la revolución que él iba a hacer con nosotros.

CAPÍTULO 4:

LA BENDICIÓN DE PROSPERAR

En el año 2000 la que no sabía el idioma, jibarita de Guayama, Puerto Rico empezó a trabajar de asistente de maestra en una escuela elemental. Imagínense eso para mí era grande, yo no lo podía creer yo había pasado una entrevista en inglés. ¡WOW! Yo reconocía que El Señor era grande. Déjame decirte que nunca en mi vida imaginé que yo iba a trabajar en una escuela elemental. Para mí eso estaba muy arriba de mí.

Porque cuando yo era pequeña para mi mamá nada de lo que yo hacía estaba bien y yo tenía muchas inseguridades en mi vida las cuales el Señor tuvo que sanar para yo poder llegar a la meta y el nivel espiritual que él quería. No dejes que otras personas paren lo que tú quieres hacer en la vida. Quien te tiene que importar que esté de acuerdo es el Señor, no tu familia ni tus amistades.

Comencé a trabajar ese año como asistente de maestra de kindergarden. Fue bien difícil trabajar hablando otro idioma y una cultura diferente, pero Dios estaba en control. A todo esto yo seguía con mi rebeldía hacia al Señor, ¡No te equivoques! Allí conocí una sierva del Señor, Belinda García. Desde el momento que la conocí, ella se pasaba detrás de mi diciéndome que yo era pastora. Que no le huyera al llamado de Dios en mi vida. Dondequiera que yo la veía en el trabajo trataba de huirle para que me dejara tranquila. Yo no quería hablar del Señor con nadie. En el momento que conocí a Belinda, ella era bien pentecostal con algunas doctrinas de hombre. A través de ella el Señor empezó a ministrar mi vida en muchas áreas y al cabo de los años nos hicimos mejores amigas. El Señor la usó como un instrumento bien grande para mi vida y todavía somos amigas. Tanto así que ella fue la pastora de los jóvenes de nuestra iglesia. Siempre le doy gracias a Dios por el granito que "Belly" puso en mi vida.

En mi trabajo en la escuela empecé a prosperar como persona y a aprender un poco más el idioma inglés. En Agosto del 2001 estaban buscando a alguien que fuera bilingüe en la oficina de la escuela. Yo jamás iba a aplicar para esa posición porque en mi interior yo pensaba que no estaba preparada. Pero como Dios lo sabe todo mira lo que paso, la secretaria de la escuela sin yo saberlo pone un papel en mi caja de correo para dejarme saber a qué hora era la entrevista para esa posición.

Y yo voy a donde ella y le digo: "yo no sirvo para esto" y ella me decía: "que yo era la candidata perfecta". Así que yo fui a la entrevista temblando de los nervios. Déjame decirte que muchas veces tú solamente horas cuando lo necesitas, para un examen que tienes que tomar, una entrevista de trabajo o cualquier situación en tu vida. Decimos que somos cristianos, pero a nuestra conveniencia.

Me entrevistaron y paso una semana y media sin saber la decisión de quien era la persona que iba a tomar la posición. Por si no lo sabías yo no era la única que habían entrevistado las otras personas eran mucho más preparadas que yo, tanto en el idioma como en la computadora. Pero ya Dios tenía sus planes y el control. Me dieron la posición en la oficina a mí. Aunque tenía rebeldía le di gracias al Señor porque jamás me imagine trabajar en una oficina y menos al frente donde yo soy la primera cara que ven. ¡WOW! Dios es bueno y todo el tiempo Él es bueno. Nunca dudes de lo que Dios va a hacer contigo aunque no veas las cosas a tu favor.

CAPÍTULO 5:

EL ACCIDENTE (EL GOLPE)

Empecé a trabajar en la oficina y de asistente de maestra en lo que buscaban a otra persona para kindergarden. Trabajaba por la mañana de asistente y por la tarde en la oficina como parte del entrenamiento. El 18 de octubre del 2001, estaba pintando el techo del balcón de mi casa y yo les tengo terror a las avispas. Habían como tres avispas que venían hacia mí y ya me había bajado de la escalera de aluminio dos veces para buscar el veneno y matarlas.

En la tercera ocasión, no me di cuenta que brinqué dos escalones para bajarme. ¡Como siempre la tercera es la vencida! Cuando me bajé de la escalera por última vez, me bajé con tanta fuerza que en el tobillo izquierdo sentí mucho dolor. Además sin querer deje el pie izquierdo detrás de la escalera y al tratar de desencajarlo caí de lado. Gracias a Dios que me puse la mano en la sien, porque cuando caí de lado le di al escalón de la entrada de mi casa con la cabeza. Si no, no lo estuviera contando.

Ahí mismo empecé a gritar del dolor tan grande que sentí. Cuando me caí el hueso del tobillo se partió y se quedó guindando todo hinchado. Mi esposo estaba pintando la parte de atrás de la casa cuando escuchó mis gritos. Él no sabía lo que había pasado, él pensaba que yo estaba gritando por las avispas y se tardó un poco en llegar al frente de la casa. A todo esto, yo estaba tirada en el piso y mi hija mayor llamó a una amiga de nosotros que vive a cinco minutos de mi casa. Recuerdo que ella llegó con rolos y en una bata. Ella me sentó en una silla y me trató de quitar el tenis. Mi esposo después de guardar todo vino y me trató de llevar en brazos al carro, ya que en mi casa no había muletas, ni silla de ruedas. Me da risa, porque desde ese momento Dios empezó a tratar conmigo.

Cuando llegamos al hospital mi esposo trajo una silla de ruedas, mientras yo lloraba por el dolor tan grande que tenía. Primero una enfermera nos dijo: "que necesitaba una muestra de orina". Y yo le decía a mi esposo pero ¿cómo, si yo no puedo con este dolor ir al inodoro? Mi esposo tuvo que ir conmigo al baño de las mujeres y ayudarme en todo. Eso fue un chiste porque después entraron dos mujeres más y mi esposo estaba conmigo en el baño. Primero me pasaron a un cuarto y después me llevaron a sacar placas del tobillo, que todavía estaba guindando. Me llevaron otra vez al cuarto y allí me pusieron suero con un sedante para el dolor.

De momento, yo vi y escuché mucha gente hablando a mí alrededor. El doctor que estaba allí esa tarde en emergencia cerquita de mi cara me dice: "señora vamos a tratar de colocarle el tobillo en su sitio. Si se lo colocamos en su sitio y no hay circulación en su pie y tobillo hay que operarla esta noche de inmediato. Si se lo colocamos en su sitio y hay circulación entonces se lo inmovilizamos para que vaya a ver un especialista". Pero en mi mente, con todo y el dolor yo le pedía al Señor que no me operaran esa misma noche. Ahora mira mi primer proceso, una enfermera aguanta el muslo fuertemente, otra enfermera aguanta la rodilla con parte de la pierna fuertemente y el doctor me está encajando el tobillo en su sitio. Mientras tanto, mis hermanos yo tenía un dolor horrible y sentía cuando hacían ese encaje. Es como cuando un carro se daña y le están poniendo una pieza. Vi los ángeles y las estrellas de todos los colores ji, ji. Gracias a Dios no me tuvieron que operar esa noche y me inmovilizaron el pie desde la rodilla hasta el tobillo y pie porque hubo circulación.

Aun así yo no entendía, porque me había pasado eso. Pues al Señor yo le decía: "yo no le hago daño a nadie, yo ayudo a la gente, yo no me merezco esto". Y le preguntaba a Dios ¿porque a mí y no a otras personas que sí se lo merecen? Muchas veces hay personas que no quieren oír que Dios te está hablando porque ellos están bien y no le hacen daño a nadie. Como les decía, la razón por la que no me podían operar, aparte de la circulación, era porque el tobillo estaba demasiado hinchado.

Parecía un volcán cuando se calienta mucho por dentro y explota por algún lado. Por fuera del tobillo y pie yo tenía burbujas de agua como si me hubiera quemado. Pero específicamente en el lado derecho arriba del tobillo había una burbuja de agua muy grande y no se podía explotar porque me podía dar tremenda infección. Esa burbuja me tenía loca del dolor y no me dejaba dormir.

Mientras tanto mi esposo me buscó un especialista de pie y tobillo y fuimos al especialista, la oficina se llama "Foot and Ankle Associates." El primer doctor que vimos nos dijo: "que eso era tremendo trauma para el tobillo, que no iba a quedar bien" y que él no podía hacer esa operación solo. Él quería que otro doctor lo ayudara, pero ese doctor estaba de viaje; así que nos dieron cita para la próxima semana. Mientras tanto, yo todavía sentía un dolor horrible y tenía un yeso para que me mantuviera el tobillo inmóvil. Pero antes de continuar, nunca le aceptes una palabra negativa a alguien y menos sobre tu salud, Salmo 37:5 dice: "Confía en El Señor, que El hará". De vuelta a mi situación, cuando el otro especialista nos recibió, su nombre es el Dr. Robert Hoover II me dijo: "¿usted sabe el trauma que tiene en ese tobillo? Yo tengo que reconstruirlo vamos a esperar un poquito porque todavía está demasiado de hinchado." La razón era que si el operaba no podía coger puntos pues la hinchazón era demasiado.

Yo era tan desobediente y tan terca que no quería entender que yo no podía ser útil. Me levanté con las muletas para adobar un pollo y cocinar en medio de la espera de que bajara la hinchazón. Como toda persona desobediente pagué las consecuencias. Mientras adobaba el pollo, me puse a pelear, porque mis hijos no habían realizado lo que estaba pasando. Me caí al piso con todo y muletas. Al otro día mi esposo me tuvo que llevar al médico. Entonces ahí se adelantó la fecha de la cirugía, porque lo había acabado de destrozar más de lo que estaba por mi terquedad. Déjame decirte que así mismo es el Señor con nosotros, Él trata contigo y quiere entrar a tu corazón y transformarte. Aunque muchas veces por nuestro ego personal y nuestra terquedad no lo dejamos. Por eso muchas veces tenemos que pagar las consecuencias de nuestra desobediencia.

> *"El Señor está contigo, el Poderoso que gana la batalla. El tendrá gran gozo contigo. Con su amor, Él te dará una vida nueva. Cantando a gran voz se gozara contigo".*
>
> **Sofonías 3:17**

CAPÍTULO 6:

RECONSTRUCCIÓN DEL TOBILLO Y DE MI VIDA

así que el 18 de octubre del 2001 fue mi accidente y el 31 de octubre del 2001 fue mi operación del tobillo. Llegó el día de la operación y claro yo estaba bien nerviosa y con dolor. Mi esposo, el doctor y yo oramos juntos por esta operación. Mi doctor es cristiano. La operación duró 6 horas completas, porque cuando el doctor abrió el tobillo estaba peor de lo que las placas enseñaban.

Los huesos del tobillo se me habían esgranado y se partieron en cantitos de arroz. Me tuvieron que poner un torniquete porque él tuvo que poner todos esos huesitos para atrás. Además me pusieron un hueso de un cadáver, porque había demasiado espacio en el tobillo y había que rellenar ese espacio. Cuando terminó la operación el doctor me mandó al hospital por una noche, pues fueron demasiadas horas en la sala de operaciones.

Normalmente el opera en un centro de operaciones ambulatorias. Me mandó en una ambulancia al hospital hasta el otro día. ¡Oh! Señor que dolor tan grande, aun con la morfina el dolor era intenso. Esa cirugía en ese momento, era lo más grande que me había pasado en la vida. Mi esposo lloraba y me decía: "que él creía que estaba viviendo una pesadilla". Yo lo que hacía era llorar pues estaba desesperada del dolor. Me preguntaba ¿por qué me había pasado esto a mí?, sin entender. Fue tan grande el daño que me cogieron diez puntos a cada lado del tobillo y todavía la burbuja de agua estaba ahí. Me latía constantemente y yo mordía almohadas, peluches, cualquier cosa que me aliviara el dolor y los latidos. Llegué a mi casa del hospital y ahí fue cuando Dios empezó a transformar mi vida y empezó mi recuperación.

Esta foto fue en Washington, DC aún en mi recuperación.
Mis hijos y yo.

CAPÍTULO 7:

RECUPERACIÓN Y VISITA DIVINA

En la primera cita con el doctor después de la operación me quitaron el vendaje para verme las heridas y cambiarlos. Hermanos, ustedes no saben el dolor que yo tenía, porque nadie me lo podía tocar. ¡Yo no podía contener el llanto! Cuando llegué a mi casa del hospital la siguiente noche, mi esposo se tiró encima de mí llorando y diciendo: "que él estaba viviendo una pesadilla". Yo le preguntaba a Dios llorando ¿Señor porque yo? ¡Creo que no me merezco esto! En ese ínterin que yo estaba en mi casa recuperándome El Señor me visitó una noche. Yo estaba a punto de quitarme la vida pues yo en mi ignorancia no entendía el porqué de tanto dolor. A pesar de que yo creía que conocía de Dios, tomé muchas pastillas para el dolor para ver si me daba algo porque me quería morir y no quería pasar por ese dolor. Yo no había sido mala hija, mala esposa o mala madre.

Esa noche sentí en mi cuerpo la presencia de mi Dios tocando mi corazón y oí una voz que me decía: "Yo estoy contigo". Cuando me quitaron el vendaje en la próxima cita, después de casi dos semanas de la operación me pusieron un yeso. Me acuerdo que mi tobillo estaba color violeta y como me dolía. Cuando me pusieron el yeso todavía tenía la burbuja que les había dicho, no se había explotado. El yeso me lo pusieron así y que latir y dolor que me dio aquella burbuja y el pie entero. Estuve cuatro meses sentada y en cama. Pero mientras pasa ese tiempo, yo solita en mi cuarto lloraba y hablaba con el Señor. Le pedí perdón por mi desobediencia. Porque ahí verdaderamente entendí que lo que me había pasado era causa de mi desobediencia. Entendí que mi vida era un propósito para él. Ahí empecé a pedirle perdón al Señor, porque yo le estaba huyendo a ese llamado que Él tenía en mi vida.

Ahí El Señor empezó a limpiar mi corazón de rencores, amarguras y rebeldía del pasado de mi vida. Le pedí perdón a mi esposo por haberlo amenazado con quemarle su oficina y en esos meses el Señor empezó mi transformación. No esperes a que el Señor te de un golpe para obedecer el llamado que él ha puesto en tu vida. El Señor empezó a transformar mi vida por medio de la adoración y la alabanza. Porque en ese momento de mi vida él tenía que trabajar conmigo no solamente en lo espiritual, pero en mi diario vivir. En mi carácter, los rencores que yo llevaba en mi corazón, amarguras, tristezas y aceptarme como era Ana la verdadera Ana. Yo nunca tuve un encuentro personal con el Señor en la iglesia, yo tuve muchas emociones y con eso tienes que tener cuidado. Yo tuve un encuentro personal con el Señor en mi cuarto por medio de la música cristiana, la adoración y la alabanza.

Muchas veces la gente lo que tiene con el Señor cuando van a un congreso, un retiro o a la iglesia y pasan al frente son emociones. Porque están pasando por una situación o necesidad en ese momento y la mayoría de las veces es por emociones.

En ese tiempo el Señor empezó a enseñarme a depender de otras personas. De mi esposo, y qué difícil es cuando tú te sientes autosuficiente (Mujer Maravilla) y tienes que depender de otras personas. ¿Tú sabes por qué? Tuve que aprender a depender de Dios y Dios por medio de otras personas me cuidaba. Pero también te vas a encontrar gente que en vez de ayudarte te desayudan. Por ejemplo, vino una pareja a visitarme y la muchacha me dice "Oh, algo así le paso a mi prima y le tuvieron que cortar la pierna". Hermanas y hermanos no dejes que el enemigo venga a zarandearte y ponerte pensamientos negativos en tu cabeza.

Lo que el enemigo quiere, es ponerte triste cuando tú estés pasando por una situación en tu vida y llevarte a una depresión. A todo esto la posición en mi trabajo la aguantaron y empecé a trabajar otra vez el 4 de febrero del 2002 en muletas y sin afirmar el pie porque todavía no podía caminar. A la misma vez fui a 52 terapias y cuando empecé a caminar otra vez fue como cuando un bebe empieza a caminar. Así mismo es cuando tú conoces a Dios y te entregas a él por completo. Empiezas a caminar como un bebe porque vas aprendiendo según tus pasos de La

Palabra de Dios. Verdaderamente, déjame decirte todo esto no fue fácil, pero agarrada de la mano de Dios pude llegar a la victoria. Esto no se queda ahí por la reconstrucción, el tobillo me dolía todo el tiempo y tuve que aprender a vivir con el dolor.

> *"Aunque mi cuerpo y mi corazón se debiliten, Dios es la fortaleza de mi vida y es todo lo que necesito para siempre".*
>
> **Salmo 73:26**

El 15 de septiembre del 2006 tuve otra cirugía para poner mis huesos en su sitio. Me pusieron una barrilla sola del lado derecho de mi pierna izquierda. No era una barrilla por dentro, sino una barrilla larga por fuera sujeta con tornillos hacia mi pierna. Hermanos, así mismo con esa barrilla, yo cocinaba en mi silla de ruedas. ¡Wow, a veces miro para atrás y de verdad que yo no sé cómo lo hacía! A los dos meses de esa operación me fui a trabajar con todo y barrilla en una silla de ruedas con mi pierna levantada. Si yo hacía el esfuerzo para ir a trabajar así, porque tenía un compromiso con mi trabajo, como no lo voy a hacer para el Señor, si él era el que me daba la fuerza y la fortaleza para seguir adelante. Tuve que tener esa barrilla pegada a mi pierna por tres meses corridos.

Esa barrilla me provocaba mucho dolor, a la misma vez se sentía como si tuvieras un aguijón en el ámbito espiritual todo el tiempo y no sabía cuándo se iba a acabar.

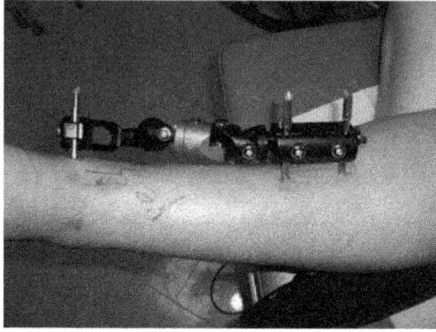

Mi pierna izquierda y el "external fixator"

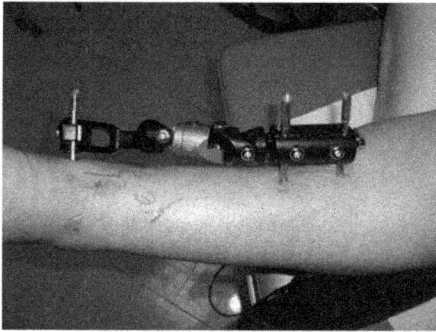

Mi pierna izquierda con el "External Fixator"
Así yo iba a trabajar.

CAPÍTULO 8:

EL PROCESO

Bueno aquella Ana que no quería estar en la Iglesia o ayudando a su esposo, tuvo que pasar un accidente con el tobillo para que Dios empezara el proceso en ella. Después que pasa el accidente y durante el proceso de recuperación El Señor empieza a utilizarme como instrumento en la silla de ruedas, para ministrar a otras personas por el Espíritu Santo y a veces ni yo misma podía creerlo. Después el Señor empezó a revelarme cosas bellas y a darme discernimiento para la gloria del Señor.

Pero antes de que eso pasara en mi vida, en mi misma iglesia yo me sentía perdida y en mi corazón y mi alma yo deseaba algo más. El Señor permitió que Belinda García me acechara en mi trabajo. Belinda es una sierva de Dios que se pasaba diciéndome pastora en el trabajo y regañándome porque cuando la conocí no quería saber de Dios ni de mis obligaciones. El Señor la usaba mucho. Dios puso en mi camino a La Pastora Marie Sandoz para hablarme y levantarme espiritualmente y confirmar el llamado que Dios tenía para mi vida.

Todavía yo no había aceptado el llamado de pastora en mi vida porque tenía mucho miedo dentro de mí. Tampoco la Iglesia en la que pastoreaba mi esposo lo iba a aceptar. A todo esto el Señor también estaba ministrándole a mi esposo y sacándolo de unas tradiciones religiosas que todavía había en él. Bueno, el Señor es tan bueno y poderoso que luego de esa cirugía tan grande y varias más, la primera persona que habló conmigo para predicar fue La Pastora Marie Sandoz para dar una conferencia sobre el abuso en un "Congreso de Mujeres". El ministerio se llamaba "Mujeres Transformadas". ¡WOW! Eso para mí fue grande, yo pararme en un altar a predicarle a un montón de mujeres sobre el abuso. Fíjate como Dios ya me estaba preparando desde pequeña, tuve que pasar por una violación para que en mi proceso como adulta el Señor me sanara, y pudiera hablar sobre los diferentes tipos de abusos.

Déjame decirte que muchas veces tú dices te perdono o los perdono pero cuando esas situaciones que has pasado vienen a tu mente te hechas a llorar con sentimiento, con rabia y eso quiere decir que no has sanado tu interior. Eso para mí fue un reto hermanos porque yo quería y siempre deseaba que mi padrastro se muriera o que le diera una enfermedad grande para que sufriera, pero ya el Señor me había sanado para yo poder hablar de esa situación.

Ahí el Señor en ese congreso empezó a abrirle los ojos a mi esposo sobre el llamado que Dios tenía en mi vida. ¡No todo queda ahí! Yo llore lágrimas de sangre para lo que Dios tenía que usarme como un instrumento y mi esposo no quería aceptarlo. Nueve años estuvimos compartiendo las facilidades de una iglesia presbiteriana hasta que El Señor dijo: "los saco de aquí", y ni con eso mi esposo me creía. Él creía que yo estaba loca y no sabía lo que yo decía.

Es difícil creerle a una persona y más si es tu esposa, la que lo insultaba, amenazaba y siempre estaba media agriada. Es difícil aceptar que Dios le dio un llamado pastoral y más que el Señor la había transformado. Pero fue así, ya la iglesia americana nos estaba persiguiendo y prohibiendo muchas cosas en sus facilidades. Pero eso Dios lo permitió, el propósito era que mi esposo aprendiera a confiar y depender del Señor aún más. Siempre que Dios te diga que hagas algo vas a tener persecución y vas a tener obstáculos.

CAPÍTULO 9:

LA MUDANZA Y LA ACEPTACIÓN DE MI LLAMADO

Llego el momento de mudarnos a otro local en el 2008. Antes del año entrante ya estábamos en otro local. El Señor nos mudó y empezamos a hacer una iglesia totalmente independiente. Ahí en esa nueva localización en "Hanging Moss Road" en Orlando, Dios empezó a hacer grandes cosas. Abrimos un culto de oración los martes y el ministerio de jóvenes empezó a crecer grandemente. Allí El Señor empezó a ministrarle a mi esposo del llamado que él había puesto en mi vida. Empezó a aceptarlo y a poner en los rótulos Pastor Ramón y Ana C. Dávila.

Al principio fue un proceso duro para mí saber que mi esposo no reconocía el llamado pastoral que Dios había puesto en mí desde muy pequeña. Por eso muchas veces te preguntas ¿porque me tuvieron que pasar ciertos procesos en la vida? Y es porque ya Dios te había escogido desde el vientre de tu madre para que le sirvieras, y esos procesos se los pudieras decir a otros por la palabra de Dios y enseñarles a otros de donde Dios te sacó.

El Señor le reveló a mi esposo mi llamado y el empezó a aceptar la transformación que Dios había hecho en mi vida y el llamado pastoral en mí. Ya como pastores El Señor nos estaba llevando a una dimensión espiritual muy bonita y también como pareja. ¡WOW! Ya yo podía adorar sin tiempo y alabar sin un reloj de por medio. Ya que antes mi esposo predicaba por reloj y los coritos de adoración y alabanzas eran por tiempo. Pero Dios tenía que cortar eso de su vida y empezó conmigo. Se sentía una unción tremenda del Espíritu Santo y cuando por fin mi llamado se acepta empiezan otras oposiciones las cuales son buenas, porque por los procesos es que tú aprendes a crecer espiritualmente.

CAPÍTULO 10:

SEGUNDA MUDANZA Y MI PRÓXIMA CIRUGÍA

WOW! El Señor tiene un plan perfecto para todo, mira que él ya me había avisado sobre esta mudanza. Hermanos y hermanas déjenme decirles que esta iba a hacer la cirugía número ocho después de mi accidente. O sea en todos estos años desde mi primer accidente, El Señor me fue puliendo más y más por medio de las cirugías de mi tobillo. Y entendí que cada vez que tenía una cirugía, Él me sentaba pues todavía tenía que trabajar conmigo unas áreas. Que no se te olvide que el empieza de adentro hacia afuera.

Acuérdate de una cosa Satanás no va a estar contento con lo que tú hagas para Dios, pues ya yo le había rendido mi vida a él completamente. En esa misma iglesia todavía no nos habíamos mudado, esa iglesia era pequeña pero el Señor nos proveyó de todo en todo tiempo. Ahí en la "Hanging Moss Road", Dios me pulió en muchas áreas de mi vida, pero todavía el pastor no quería obedecer al Señor. Todavía creía ser como un pastor laico en la iglesia presbiteriana pero él no entendía que eso no era lo que Dios quería para él y su iglesia.

El Señor quería otra cosa, otra dimensión para nuestra iglesia y eso era lo que yo buscaba. Que yo pudiera recibir y a la misma vez me sintiera llena del Espíritu Santo, de palabra de Dios en mi vida y mi corazón. No hay duda que la aceptación de mi llamado causó revolución. Porque cuando tú tienes gente a tu alrededor que no creen en tu llamado, lo que buscan es tumbarte la cabeza, van a hablar de ti como sea y donde sea. Pero cuando tú te vas a la presencia del Señor, que te dio el llamado personalmente, no hay hombre ni nadie que te lo pueda quitar. Porque quien te dio el llamado fue Dios y Dios te respalda.

Ahí mismo en esa localización donde estábamos me tuvieron que operar para ver si mis huesos podían arreglarse, porque ya tenía uno de mis huesos bien mal. Tuve mi cirugía número ocho como había dicho al principio, con unas barrillas traspasándome de lado a lado en mi pierna. Desde debajo de la rodilla hasta debajo de mi pie. ¡WOW! Esa cirugía para mí fue terrible, cinco horas en la sala de operaciones y después una semana en el hospital para tranquilizarme el dolor.

Yo me bebía las lágrimas del dolor, pero cuando estaba en el hospital aún en medio de mi sufrimiento y mi angustia yo cantaba. Esta alabanza al Señor que dice: "En medio del dolor, en medio del sufrir hay una voz que dice no temas yo estoy contigo". Esa alabanza me daba fuerzas y yo sentía la mano de Dios sobre mí. Yo sabía que esa cirugía era un propósito de Dios. Pero no entendía si ya yo estaba trabajando para él y le había dedicado mi vida porque tenía que pasar por ese proceso una vez más.

Lo que el Señor traía a mi corazón en medio de ese dolor fue el dolor que él tuvo que pasar en la cruz. Cuando lo crucificaron y fue sin anestesia, fue en carne viva. Yo le daba gracias a Dios porque yo sabía y podía sentir un poco de lo que el sufrió por tí y por mí. Me habían puesto un "External Fixator" redondo alrededor de mi pierna. Fue un proceso muy duro y me acuerdo que el dolor era tan grande que a veces me quería cortar la pierna. Estuve tres meses con esas barrillas en mi pierna y con esas barrillas puestas yo tenía que caminar con un andador tres veces al día. Cada vez que yo caminaba le decía al Señor: "cada paso que doy es un paso de victoria. "

Gracias le doy al Señor que una hermanita a la cual amo mucho en el Señor, estuvo conmigo varias veces en semana cuidándome y cocinando. Ella era la que me ayudaba a caminar y siempre me decía tu puedes. Dios nunca te va a dejar sola ni solo en medio de tus vicisitudes. Cada vez que iba al médico me tenían que ajustar las barillas en los huesos para ver si estaban bien puestas en su sitio, tenían que darle con un instrumento como si fuera una llave de tornillos para ver si estaban fijas.

¡Ay! Como dolía cada vez que le daban a esas barillas, porque yo lo sentía todo. A la misma vez mi doctor estaba pasando por un proceso de cáncer en el colon y muchas veces nos escribíamos emails para confortarnos en el Señor.

Estuve esos tres meses sin trabajar en mi trabajo secular y me quitaron las barrillas el 14 de enero del 2010.

Déjame decirte que en todo momento Dios tenía el control, pero muchas veces por nosotros creernos los fuertes pensamos que tenemos el control. Yo sufrí con el dolor físico, pero a la misma vez el Señor iba ministrando a mi vida de una forma sobrenatural. Mientras tanto Dios limpió mi corazón y estaba moldeando mi carácter a su semejanza. Muchas veces le ponemos excusas al Señor por cualquier cosa y yo soy una persona que me encanta adorar a Dios. Así que con las barrillas, las muletas y el dolor me paré al frente con el grupo de adoración de la iglesia a adorarle a mi Dios. No dejes bajo ninguna circunstancia de adorar y alabar a Dios sobre todas las cosas porque él te va a dar la victoria.

"Cada paso que doy es un paso de victoria".

Cada vez que yo decía eso en voz alta, declarando mi sanidad el Señor me daba nuevas fuerzas. A continuación van a ver unas fotos donde estoy con todas las gasas que me tenían que poner en cada perforación a mi pierna. La mancha negra de abajo del pie y la mancha negra del dedo gordo del pie eran por una reacción alérgica a la medicina que te tienen que poner para evitar los coágulos de sangre. Esta inyección la ponen en tu vientre por diez días. Después la mancha negra de la planta del pie se me convirtió en una úlcera. Esa úlcera me la tuvieron que abrir para limpiarla y estuvo más de un mes en lo que se sanaba.

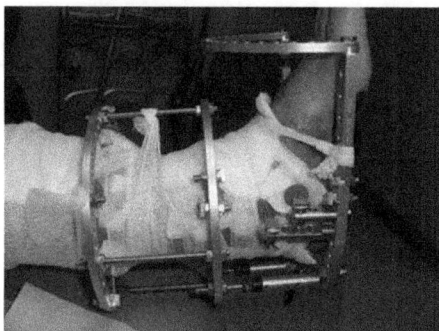

Mi pierna con el vendaje dos días después de salir del hospital.

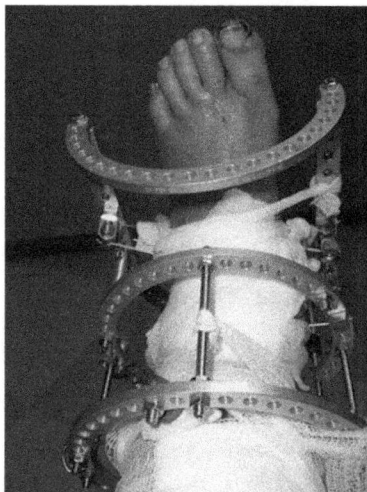

Mi pierna con el vendaje y la mancha negra del dedo gordo del pie.

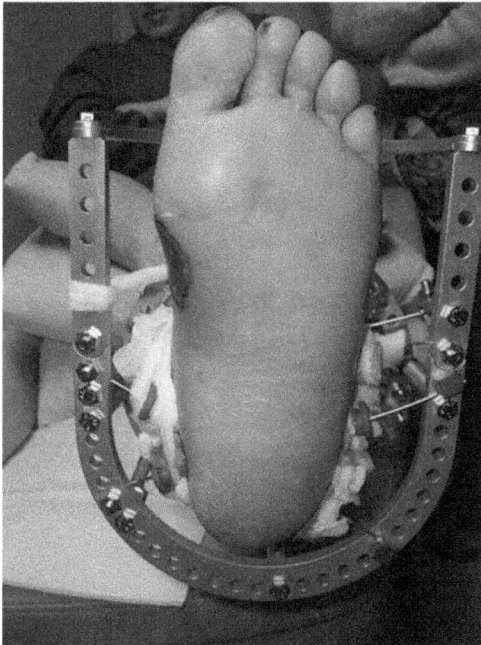

Mi pierna con el vendaje y la mancha negra de la planta del pie que se me convirtió en una úlcera.

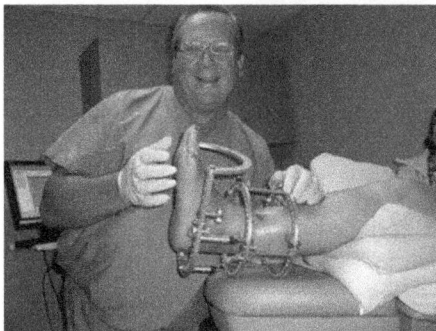

Mi doctor Dr. Hoover ll el cual ha sido una bendición para mi vida y hasta ahora llevo 15 años con él.

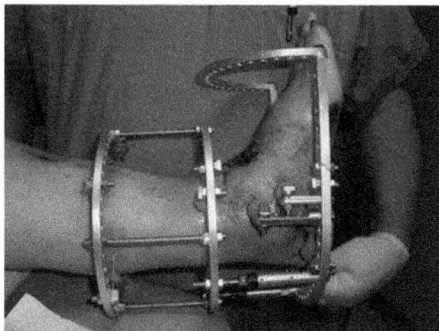

Mi pierna sin vendaje porque ahí es que le daban a las barrillas dentro de mi pierna. Con una llave de arreglar carros, pero más pequeña para ajustarlas y despúes limpiarlas alrededor para que no se pegaran a la piel. ¡Eso era un dolor bien grande! Yo me agarraba cualquier parte de mi ropa o a la mano de mi esposo.

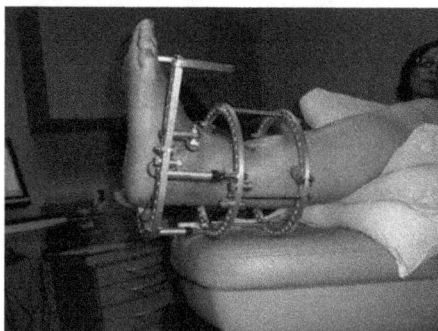

Mi pierna izquierda. Y mi amiga a la que yo le aguantaba la mano en medio del dolor.

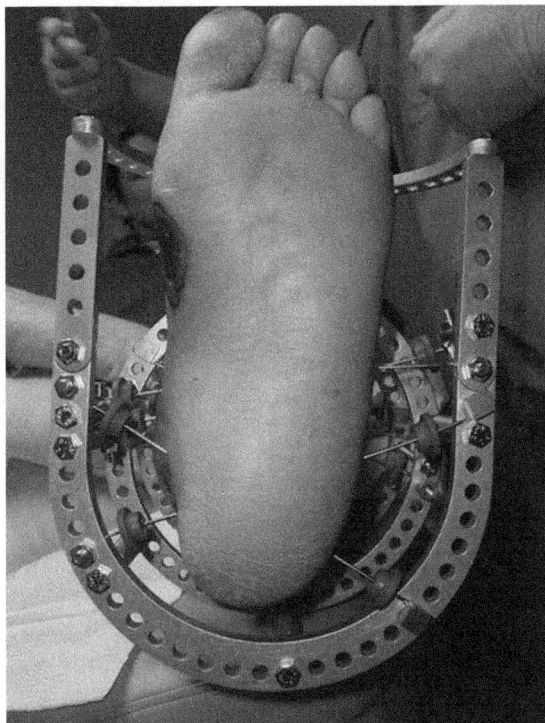

Mi pierna sin vendaje enseñando la ulcera.

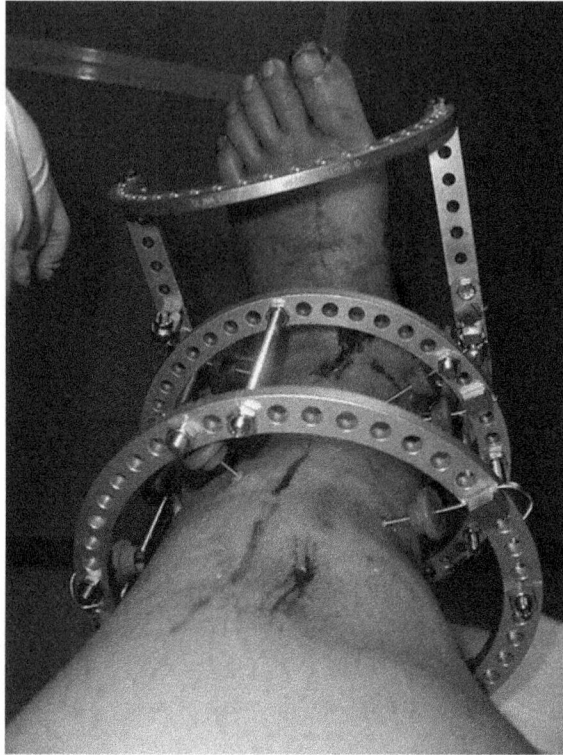

Mi pierna sin vendaje totalmente hacia abajo. Esta cirugía no fue fácil, pero lo más difícil fue cuando tuve que empezar a caminar con el andador. El dolor de poner la pierna hacia abajo y sentir la corriente de la circulación por la pierna. Y aunque tengo marcas me acordé del Señor porque si él tuvo marcas, que las tengo yo no es nada.

En el ínterin de esos tres meses el 29 de diciembre del 2009 nos mudamos por segunda vez a un almacén en la "Forsyth Road" en Winter Park, FL. Un almacén que con la provisión de Dios pudimos convertir en una iglesia. Allí estamos actualmente, todavía declarando el edificio que Dios nos ha prometido y que viene.

CAPÍTULO 11:

LIMPIEZA

Cuando nos mudamos a este lugar ya era la segunda vez que nos mudábamos y en nuestra iglesia el Señor se estaba moviendo como nunca. De momento, el Señor tuvo que hacer una limpieza de personas que no estaban de acuerdo con la visión que Dios nos había dado a nosotros los pastores y a la iglesia. Pero dentro de la limpieza que el Señor hizo Dios tuvo misericordia de nosotros.

Tanto los pastores, como los líderes y la iglesia pasamos por muchas vicisitudes, tristezas y corazones rotos, pero en medio de esa prueba Dios estaba en el asunto. Te voy a decir que cuando tú tienes una manzana podrida, ya sea en la iglesia, en el trabajo o muchas veces donde tú vivas va a dañar a las demás cuando alguien no sigue la visión. A los pastores y la iglesia como tal, Dios tiene que sacarlos para que esa iglesia pueda producir, prosperar y seguir adelante con las promesas que Dios le ha dado.

No les voy a negar que muchas veces me desvanecí, quería enganchar los guantes, olvidar mi llamado y mi ministerio. Pero cuando estaba pasando por esa prueba el Señor trajo a mi vida una palabra sobre la palma. La palma no importa cuántos vientos huracanados, tornados y tormentas traten de sacudirla, la palma se queda firme porque sus raíces son profundas y puede moverse, pero no salirse de su sitio. Lo que quiere decir es que no importa lo que hablen de ti y las vicisitudes que pases, aunque te zarandeen si estas firme en el Señor nada ni nadie te puede sacar de ahí. Lo que te quiero decir es que así como Dios hace limpieza en una iglesia, también hace limpieza en tu corazón y en tu carácter. Las limpiezas son necesarias tanto para que una iglesia crezca espiritualmente, como para que un ser humano crezca espiritualmente.

Cuando las personas se van de una iglesia, la mayoría de las personas usan la excusa de que no estaban creciendo espiritualmente. Pero déjame decirte que no es la iglesia la que te hace crecer y lo digo por experiencia, lo que te hace crecer es tu relación íntima con el Señor. Si tú no tienes una relación íntima con el Señor no vas para ningún lado. Pero en medio de esa limpieza Dios tuvo misericordia. En el sentido de que Dios sacó, pero Dios proveyó nuevos líderes y personas nuevas a cargo de unos ministerios. Unos ministerios que las personas que se fueron abandonaron, pero Dios tenía el control.

Si algún día usted se va de una iglesia por la situación que sea por favor déjele saber a sus pastores que se va. No se vaya sin hablar o por lo menos darle las gracias por lo que hayan hecho por usted. En ese entonces el Señor levanto a una hermanita a la que queremos mucho Alba López. El Señor la levantó a dirigir el ministerio de danza, pantomima y el grupo de adoración en nuestra iglesia. La cual hoy por hoy es La Pastora Asociada de nuestra Iglesia. Le doy gracias a Dios por esa limpieza pues él nos ha dejado ver su gloria y hacia dónde vamos.

"Estad firmes como la palma"

CAPITULO 12:

MI PRÓXIMA CIRUGÍA DEL IMPLANTE DE TOBILLO

El 20 de septiembre del 2011 tuve mi próxima cirugía, que fue el implante en mi tobillo. No obstante hermanos el año 2011 fue un año bien difícil para mí. Empezamos en mayo del año 2011, con una pequeña cirugía de una masita que me había salido en el lado derecho de mi tobillo. Tuve que ir sin poder a Puerto Rico a predicar en un congreso de mujeres.

Gente yo no sabía ni como yo había llegado a Puerto Rico, pero Dios fue el que me llevó. En agosto del 2011 estuve hospitalizada una semana porque tenía una piedrita en un riñón. Me tuvieron que hospitalizar porque tenía los riñones demasiado inflamados. Yo sabía que eso no era de Dios. Estábamos a ley de una semana para el congreso de mujeres de nuestra iglesia, pero allí en esa cama yo adoraba a mi Dios y lo alabada y yo me declaraba sana.

Salí de ese proceso para en dos semanas tener la operación del implante que duró 5 horas y estuve en el hospital por tres días. Cuando fui a mi primera cita después de la cirugía me dejaron los puntos por tres semanas, después me los quitaron y a la semana cogí una infección. Como yo soy diabética la herida se me abrió y se me veían hasta los tendones adentro en la parte donde se dobla mi tobillo.

Estuve tres meses en recuperación sin poder caminar, pero gracias a Dios así mismo me fui a trabajar. En silla de ruedas a mi trabajo secular a los dos meses de mi recuperación. Una cosa que quiero compartir con ustedes es que si tú tienes un trabajo secular y vas a trabajar con alguna herida en tu cuerpo o con dolor no lo hagas. Si a tí te pasa algo, nadie va a agradecerte los años que tú hayas trabajado en esa situación. No te desvivas por tu trabajo secular al fin y al cabo si a tí te pasa algo te remplazan al otro día. Aquí les mando unas fotos de donde tengo el implante en el tobillo que actualmente sigue ahí.

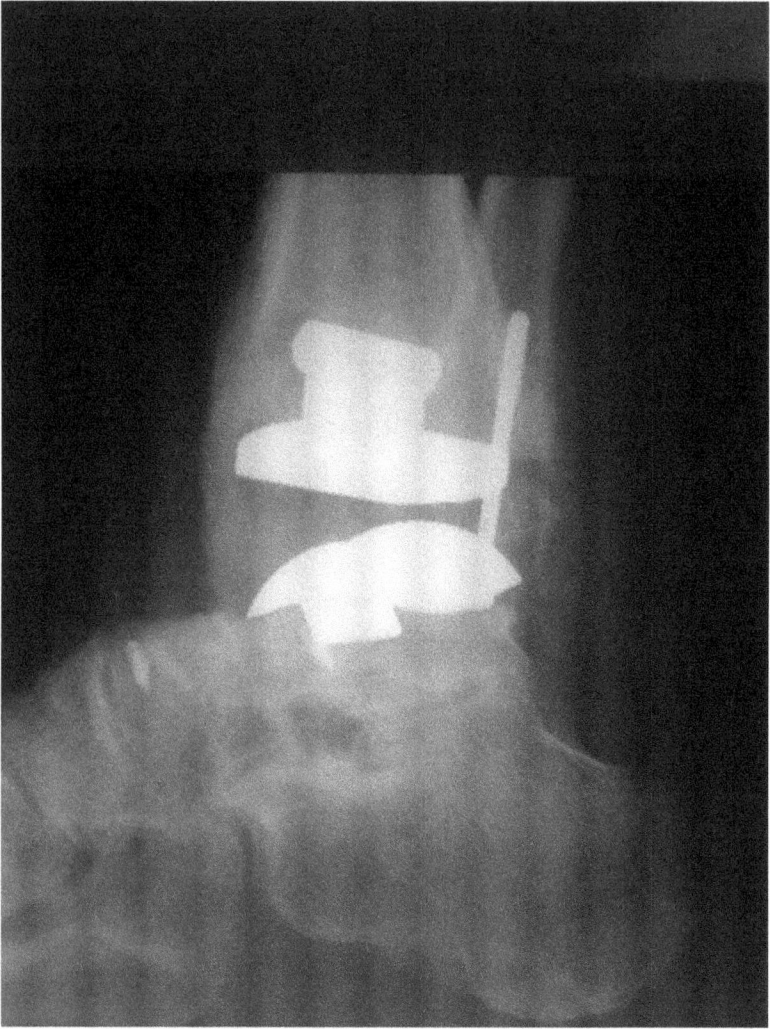

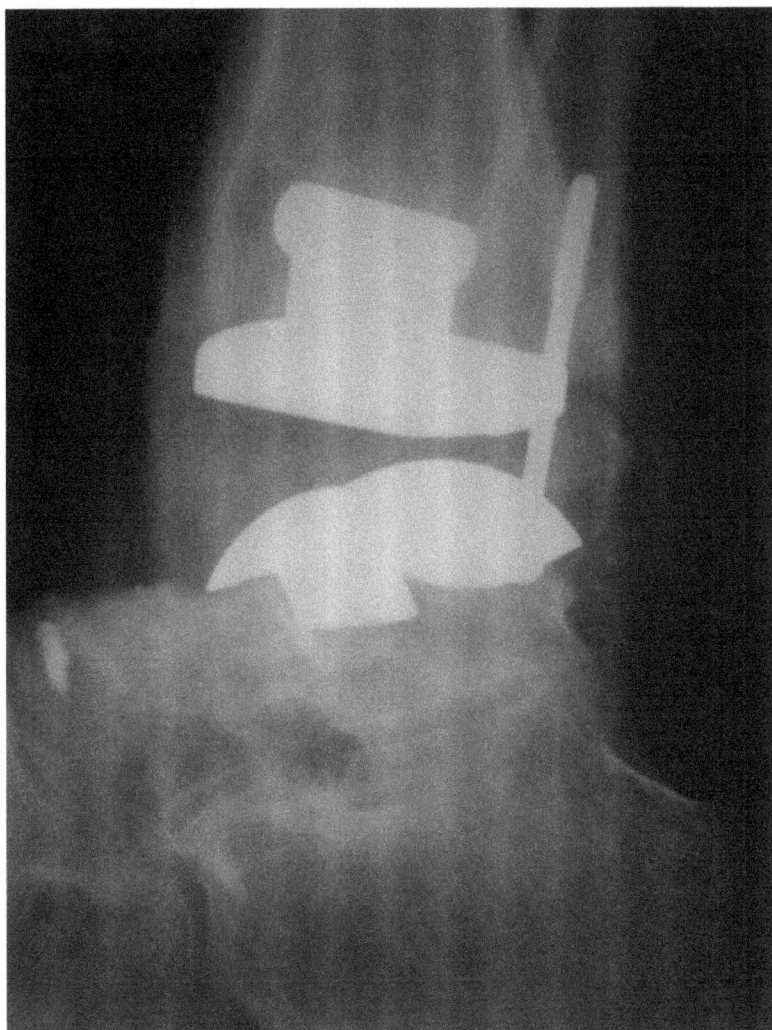

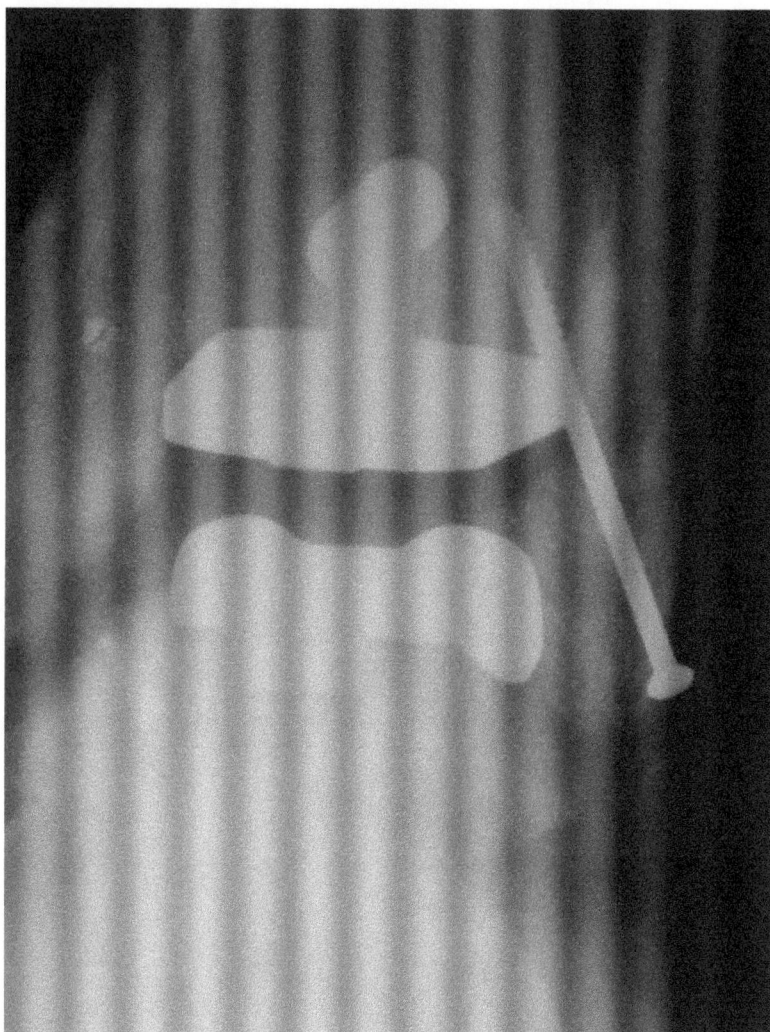

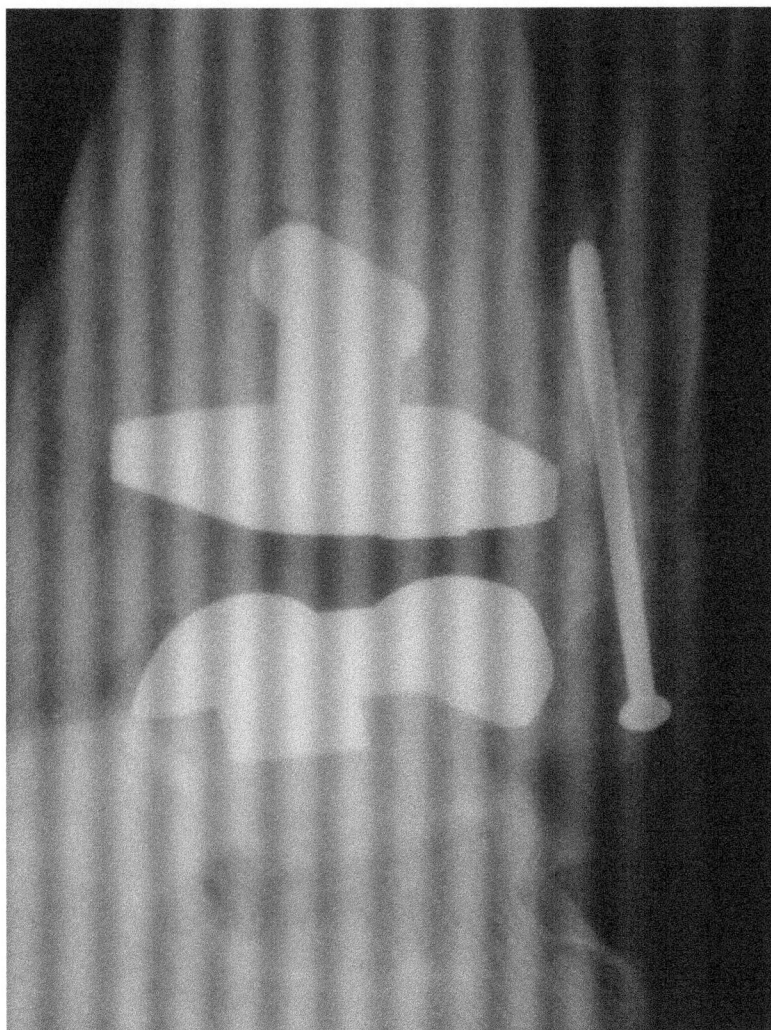

CAPÍTULO 13:

EL PERDÓN

Ya el Señor estaba transformándome y moldeándome como se moldea el oro en muchas áreas en mi vida. Pero había algo crucial en mi vida, escondido en mi corazón para que el me llevara a otra dimensión. Faltaba el perdonar unas cosas que pasaron al principio de nuestro ministerio dentro de la iglesia. Gente y familia que nos habían vituperado a nosotros como pastores y a los líderes de la iglesia.

Parte de mi vida y corazón tenía que morir, si yo iba a hacer un instrumento en sus manos y todavía esa parte en mí no había muerto, seguía vigente. Muchas veces decimos dentro de nosotros que perdonamos, pero no es verdad nos engañamos a nosotros mismos y hasta nos enfermamos física y mentalmente. Cuando Dios empezó a cambiar mi vida yo no podía predicar del perdón si yo no había perdonado, como yo podía hablar del perdón si yo no había perdonado.

El Señor tuvo que trabajar en mi corazón para yo poder perdonar la familia de mi esposo y a personas que estaban en la iglesia que nos hicieron tanto daño. Tuve que aprender a dejar esa área en sus manos para que Dios me siguiera llevando a otros niveles de conocimiento. Una vez que lo hice y me derramé delante de la presencia del Señor, mi vida empezó a cambiar más todavía. Ahora yo puedo decir, Señor gracias porque mi corazón está limpio delante ti. Mira si el Señor es grande, hacía cinco años que teníamos unos conflictos familiares y a El Señor le place que inviten al grupo de danza "Jabneel" de nuestra iglesia a la iglesia de la familia de mi esposo. Me sentí en paz al poder saludar a esa familia y le doy gracias a Dios que él, me había sanado para dar testimonio del llamado que Dios ha puesto en mi vida. Por eso es bien importante perdonar, ¿sabes porque? Porque el Señor te perdona todos los días a cada segundo, minuto y cada hora.

El Señor dice en su palabra "Perdonar 70 veces siete" o sea no importa lo que te hagan perdona, al Señor le hicieron más que lo que te hayan hecho a ti. Lo que me ha mantenido fuerte y firme en el Señor es que, siempre que he pasado por mis cirugías o procesos en mi vida, el Señor me recuerda si me lo hicieron a mí cuanto más a ti.

Hay un versículo que quiero que hagas tuyo:

> *"Sobre toda cosa guardada, guarda, tu corazón; Porque de el mana la vida".*
>
> **Proverbios 4:23**

Lo que quiere decir es que no importa lo que otros te hagan, no dejes que tu corazón se manche y no cojas rencores ni amarguras en él. Sobre todo guarda tu corazón y entrégaselo todo a Dios.

CAPITULO 14:

La Obediencia

El Significado de obediencia es cumplir la voluntad de la persona que manda. En este caso Dios es el que manda y dirige tu vida. Significa aceptación de la ley y la voluntad establecida por Dios.

> *"Solamente al Señor tu Dios debes de seguir y rendir culto. Cumple sus mandamientos y obedécelo; sírvele y permanece fiel a él".*
>
> **Deuteronomio 13:4**

Una de las cosas más importantes para Dios es la obediencia. Si tú no eres obediente a lo que él quiere hacer contigo vas a sufrir consecuencias. Y una de las cosas es que sin obediencia no hay sacrificios. Y tú puedes hacer sacrificios pero si no hay obediencia es en vano. En mi testimonio por desobediente y no responder al Señor con el llamado que el tenia para mi vida, de un día para otro me ví en un caos y creía que me iba a morir. Porque yo no podía creer lo que estaba pasando conmigo y ese dolor tan grande en mi pierna. Pero si no hubiera sido así no hubiera obedecido al Señor. Porque déjame decirte Dios te ama, pero cuando tu no le haces caso, no le obedeces, sabiendo que Él tiene un propósito contigo vas a tener consecuencias para que le obedezcas. Dios no quiere de ti sacrificios si no le obedeces. Porque de que vale sacrificarte por Él si no hay obediencia.

Muchos cristianos hoy en día se creen que obedecer es estar envuelto en la iglesia, predicar o cantar al frente. Eso no es totalmente obediencia. Obediencia es cuando a un niño los padres le dicen recoge tu cuarto y después ve a estudiar. Y que el niño lo haga aunque muchas veces se queje o siga diciendo que no lo va a hacer. Es lo mismo cuando Dios te dice ve y predica mi palabra, llévale comida a esta familia, quiero que te hagas cargo de un ministerio y tú lo haces con quejas y reproches eso es un sacrificio, pero no es obediencia. Solamente cuando le dices: "Sí, Señor no hay problema yo lo hago", eso es obediencia porque aunque no lo sepas hacer él te va a enseñar. La obediencia es un proceso que cada persona o cristiano tiene que pasar. Hermanos yo he tenido 15 operaciones en mi pierna, especialmente en mi tobillo y han sido en un periodo de 15 años, pero cada una de ellas ha sido un propósito de Dios en mi vida.

Muchas veces Dios ha tenido que sentarme para Él ministrar a mi vida y limpiar y sacar lo que no le agrada. Pero las veces que Él me ha sentado han sido maravillosos y victoriosos años porque los he pasado agarrada de su mano. Al principio no entendí, pero para llegar a la meta y a la victoria tenía que pasar por esos procesos. En mi experiencia, obediencia es que el Señor te prepara para unos sucesos que van a pasar en tu trayectoria y cuando pasen tú te acuerdes de esa palabra y no te quejes sino que lo alabes y lo adores en medio del proceso.

Un testimonio que les voy a contar sobre la obediencia. En el 2010 el Señor me decía que me faltaba poco para salir de mi trabajo secular ahora estamos en el 2016, el Señor me sacó del trabajo en mayo del 2012. El Señor venía hablándome a mi sobre que me faltaba poco en mi trabajo secular, y que a mis hijas se las iba a llevar lejos de nosotros porque él tenía un propósito con ellas. Y a veces tú crees que esa palabra va a pasar en muchos años o a veces la recibes con duda. Nosotros no podemos tener duda cuando el Señor nos habla sino tenemos que ir hacia la presencia del Señor para que él nos de confirmación. Porque si es de él, esa palabra se va a cumplir. Lo que te quiero decir es que en menos de un mes mi hija mayor se me fue para el "Army", mi hija menor se fue a vivir para Miami, me sacaron del trabajo y en menos de cuatro meses me operan otra vez del tobillo. O sea la palabra que el Señor me había hablado por diferentes siervos se cumplió. No les voy a negar que mi corazón estaba bien triste porque soy una mujer bien activa. Ahí había gente que yo quería mucho y tenía muchos sentimientos encontrados, pero ya mi tiempo ahí se había terminado. Ahora Dios me quiere a tiempo completo para dedicarme a su obra.

Me costó mucho porque me encanta trabajar y hablar con la gente. Pero lo que les quiero decir es que no fui a apelar a un abogado, no fui al condado a apelar por la forma en que se dieron las cosas y me sacaron, porque yo entendía que entonces desobedecía al Señor.

> *"Ciertamente el obedecer es mejor que los sacrificios, y el prestar atención que la grosura de los carneros".*
>
> **1 Samuel 15:22**

Si no hay obediencia no hay sacrificio. ¡WOW! Pero para obedecer a Dios tienes que estar dispuesta a seguir el camino recto hacia la perfección, porque no somos perfectos pero vamos hacia la perfección.

CAPITULO 15:

EL DESESPERO

En estos 15 años desde mi accidente con 15 cirugías, he sufrido mucho. He pasado frustraciones, decepciones y dolor pero he aprendido mucho a madurar física y espiritualmente. El desespero en mi caso viene cuando tú eres una persona activa y te encuentras en una situación de que no puedes bañarte sola, no puedes pararte para hacer nada, tenía que depender totalmente de mi esposo, de personas y amistades que venían a ayudarme.

Hermanos y hermanas hasta para mi propia higiene personal tenía que contar con mi esposo y con personas ajenas. Lo que si no me puedo quejar, porque nunca estuve sin ayuda el Señor siempre me mandaba a alguien para ayudarme. Aprendí en esta desesperación a tener paciencia, a escuchar la voz de Dios y a esperar en su tiempo. Trabajé por 12 años en una escuela y siempre estuve dentro y fuera por mis cirugías.

Fui en silla de ruedas a trabajar, con una barrilla pegada a mi pierna, en muletas, con un bastón, con puntos, con una herida que se me veían los tendones todavía abierta, con una bota ortopédica. Lo que te quiero decir con esto, es que aún en el dolor y en el desespero yo cumplía con mis responsabilidades seculares.

Dentro de la iglesia lo mismo si yo iba a trabajar en esas condiciones como no iba a ir a la casa de Dios. Cuando tú tienes pasión de Dios en tu corazón no importa como tú te sientas físicamente tú le das el todo por el todo. Tuve que aprender a que mis hijos me trajeran algo de comer a tiempo y muchas veces la comida fría. Otras veces aprendí a hacer agradecida con lo que me trajeran o tuviera. Hermanos muchas veces hay personas que son demasiado selectivas con la comida en general y tenemos que aprender a comernos lo que sea y lo que hay, tenemos que ser agradecidos.

La desesperación de que en la casa no podía hacer nada por mi condición y mi tobillo me hicieron aprender a aceptar mis limitaciones.

> *"Bendito sea el Señor, nuestro Dios y Salvador, que día tras día sobrelleva nuestras cargas".*
>
> **Salmo 68:19**

CAPÍTULO 16:

LA FRUSTRACIÓN

De un día que estaba pintando el techo del balcón de mi casa y me caí mi vida cambió por completo. Ese día fue la marca, la clave de mi transformación. Mi frustración fue a verme incapacitada de una pierna con mucho dolor sin poder hacer nada. Porque el dolor era tan fuerte que no podía ni siquiera caminar con un pie, con las muletas y más cuando eres una persona activa.

Sentí frustración al no poder ir a la iglesia a compartir con mis hermanos, al no poder ayudarle a mi esposo en cosas de la casa ni siquiera cocinarle. Muchas veces nos quejamos especialmente las mujeres de que tenemos que limpiar, de que tenemos que cocinar, de que tenemos que trabajar afuera y hacer unas cosas en otras áreas, pero déjame decirte que cuando tú te encuentras impotente, te encuentras que ni a ti misma te puedes atender. Cuando pasa el tiempo y empieza una recuperación en tu cuerpo y tú puedes simplemente recoger un libro, recoger una bolsita de basura, limpiar una mesa aunque sea lo único que pudiste hacer ese día. Dale gracias a Dios por eso, porque te dio la alegría, el gozo, fuerza y fortaleza para hacerlo.

Cuando yo podía hacer algo aunque no caminara le daba gracias a Dios por lo que podía hacer. Me acuerdo que cuando tenía la barilla pegada a mi pierna yo cocinaba en silla de ruedas. ¡WOW! Tú te quedas maravillado de lo que el Señor te permite hacer y tú puedes hacer. También recuerdo cuando sin poder caminar me sentaba con la pierna arriba en la orilla de la cama y le planchaba la ropa a mi esposo. Hermanos nada es imposible cuando tú mismo te lo propones. No quiero ser ruda, pero muchas personas siempre ponen excusas para no ir a trabajar o no ir a la iglesia por cualquier cosa.

Que me duele la cabeza, que me duele la espalda, que me duele un dedo, en fin la mayoría ponen muchas excusas para el Señor. Pero después están preguntándose: ¿Señor donde están mis bendiciones y lo que me prometiste? Déjame decirte que no las vas a ver hasta que tú no tengas un compromiso con el Señor y una intimidad con él. Sentir frustración por expectativas de tus hijos para contigo y no sucedían.

Cuantas veces llore por el dolor, por verme así en esa condición y no poder hacer nada más que orar y adorar a mi Señor. Por eso cuando tú sientas frustración en tu vida lo único que vas a hacer es orar, entrégaselo todo en las manos del Señor y adora a tu Señor. Hermano déjame decirte que lo que transformó mi vida además del accidente, fue la adoración y la alabanza a Dios ahí fue donde Él me ministro y empezó el cambio en mi vida.

> *"Porque El Cordero que está en el trono los pastoreará y los guiará a fuentes de agua viva; y Dios les enjugará toda lagrima de sus ojos".*
>
> **Apocalipsis 7:17**

CAPÍTULO 17:

LA SOLEDAD

Cuando yo tuve mi accidente hace 15 años atrás me sentía bien sola aunque tenía a mi esposo y a mis hijos a mi lado cien por ciento. Pero había un vacío en mí que yo no entendía. No podía explicar porque me echaba a llorar de dolor, pero además del dolor por cualquier cosa, hasta de películas me echaba a llorar como si las estuviera viviendo.

Mucha gente me llamaba para ver cómo estaba, unos para darme consuelo y otros para hablar de la situación. En esos momentos que pasan en tu vida ten mucho cuidado con quien tú hablas y te desahogas, pues no todo el mundo está dispuesto a ayudarte de corazón. Pero en ese mismo accidente cuando conocí al Señor, me sentí diferente aunque todavía no entendía unas cosas que me estaban pasando. Pero sentí que verdaderamente el Señor empezó a llenar ese vacío en mi corazón, ya no sentía esa soledad en mi vida tan grande.

Muchas veces me sentía sola porque no tenía a nadie a mi lado con quien hablar, pero no estaba sola pues mi Cristo estaba a mi lado en todo momento. Una de las cosas que me ayudó también en medio de esa soledad fueron las canciones cristianas de adoración y alabanza. ¡WOW! Yo empecé a conocer a Dios realmente por la adoración y alabanza y hermanos ahí fue donde Dios empezó a ministrar mi vida de una forma especial. El Señor nunca te va a dejar sola, normalmente somos nosotros los que lo dejamos a él. Si ahora mismo tú te sientes solo empieza a alabar a Dios, empieza a adorarlo y buscar de él y tu verás cómo tu vida cambiará.

> *"Entonces tu llamarás, y El Señor responderá. Tu llorarás, y Él dirá: Aquí estoy"*
>
> **Isaías 58:9**

CONCLUSIÓN

Hermanos y hermanas no importa por la situación que tu estés pasando ya sea enfermedades, problemas con tu familia, problemas en el trabajo o cualquiera que sea hay una solución y se llama Jesucristo.

Autora:

Pastora Ana Cecilia Dávila